P. Antomarchi

Notes de route

Le Nationalisme Égyptien

Quelques Opinions

NARBONNE
Typo-Lithographie F. [illegible]
4, rue Auber

1908

Le Nationalisme Égyptien

Il m'est difficile, impossible presque, de pouvoir exprimer les sentiments divers que j'ai éprouvés, en février dernier, au Caire, à la vue des obsèques du jeune chef du Parti National. Emotionnantes, grandioses, majestueuses par leur simplicité même, telles furent les funérailles de Moustafa Kamel Pacha, si prématurément enlevé à l'affection de tout un peuple. Toutes les classes de la société se trouvaient confondues dans ce cortège non ordonné, formé d'au moins 50.000 personnes : hommes, femmes, enfants ; indigènes et européens, sans oublier la jeunesse des écoles formant garde du corps autour du cercueil de leur aîné, le peuple entier enfin, du sein duquel les pleurs, les gémissements, les sanglots s'échappaient sincères, prouvant combien grande était la perte que la nation égyptienne venait de faire.

Les étrangers, peu au courant de la situation politique en Egypte, pouvaient difficilement pénétrer les causes de cette grandiose et inoubliable manifestation : j'étais de ceux-là.

Un sentiment autre que celui de la curiosité m'incita à rechercher ces causes : je voulus savoir. — Il suffit à un Français de fouler le sol de cette terre des Pharaons, toute pleine de souvenirs dont, à bon droit, nous pouvons nous enorgueillir, pour constater combien la France est considérée, *aimée encore*, par ce peuple qui ne veut pas oublier. Et j'estime que, pour la France, trop de raisons s'opposent à ce qu'elle se désintéresse des choses d'Egypte. — Ce fut donc surtout ma qualité de Français qui me poussa dans cette voie. Grâce à de bonnes amitiés, au concours desquelles je fis appel, il me fut assez facile de mener à bien la tâche que je m'étais imposée : recueillir de sérieux éléments d'appréciation sur la situation politique de l'Egypte en général et sur celle des différents partis, éléments qui eurent pour résultat de me rendre compréhensible ce grandiose mouvement d'opinion qui s'était manifesté en l'honneur de Moustafa Kamel Pacha, et n'a pas été sans éveiller les susceptibilités anglaises.

C'est dans les milieux indigènes, auprès des chefs qualifiés des différents partis politiques, des directeurs des principaux organes de la presse arabe du Caire que j'ai recueilli les importantes déclarations qu'on lira plus loin, faisant suite aux notes biographiques consacrées au défunt chef du Parti National et à son successeur à la direction de ce parti.

Que tous ceux qui, à un titre quelconque, me prêtèrent leur précieux concours en cette circonstance, reçoivent ici mes remerciements les plus sincères et agréent l'hommage de toute ma reconnaissance.

Photo. Zola, Le Caire

S. E. MOUSTAFA KAMEL PACHA

ANCIEN CHEF DU PARTI NATIONAL EGYPTIEN

Décédé au Caire, le 10 Février 1908

Moustafa Kamel Pacha naquit au Caire le 1er du mois de Ragab de l'année 1291 de l'hégire, correspondant au 14 août 1874 du calendrier grégorien. — D'une intelligence très précoce et rare, il se distingua de bonne heure parmi ses camarades. Entré à l'école « Om Abbas I » il termina, à douze ans, ses études primaires à l'école Kirabieh et reçut le prix de l'examen général des mains de feu le Khédive Tewfick, en 1887. — A l'école Kédivieh il obtint son diplôme de bachelier après quatre années d'études secondaires ; il entra ensuite à l'Ecole Khédiviale de droit et s'inscrivit en même temps à l'Ecole française de Droit. C'est à la Faculté de Toulouse qu'il obtint sa licence.

Dès ce moment, il s'adonna à sa vocation : la politique le prit tout entier. Il écrivit des articles remarquables ; produisit quelques œuvres littéraires et historiques, entre autres *L'Esclavage chez les Romains*, *La Conquête de l'Andalousie* et fonda *La Revue Scolaire*.

Son œuvre politique commença par une lettre qu'il adressa, le 4 juin 1895, au Président de la Chambre des Députés française, contenant l'expression vibrante de l'indignation juvénile de son âme, toute imprégnée d'amour pour la liberté et de patriotisme.

Depuis, tous ses efforts, toute son intelligence se dépensèrent en protestations énergiques contre l'occupation anglaise.

Son premier discours politique sur l'Egypte fut prononcé à Toulouse le 4 juillet 1895 ; d'autres le furent au Caire et à Alexandrie ; son dernier il le prononça en arabe, à l'assemblée générale du Parti National, le 27 décembre 1907.

Le 2 janvier 1900, il fonda le grand quotidien arabe *Al Lewa* ; ce fut la pierre fondamentale sur laquelle il parvint à élever l'édifice du nationalisme égyptien. — Vinrent ensuite *L'Etendard Egyptien* et *L'Egyptian Standard*, qu'il fit paraître les 2 et 3 mars 1907, le premier en langue française, le second en langue anglaise. Le couronnement de cette œuvre patiente et persévérante d'organisation fut la constitution du Parti National égyptien, définitivement établi sur des bases solides dans l'assemblée générale constituante du 27 décembre 1907, tenue à Alexandrie, au cours de laquelle les statuts furent votés et qui acclama le vaillant patriote égyptien chef à vie du Parti National.

Tant d'efforts, une dépense si considérable de forces physiques et morales eurent raison d'une nature aussi délicate. Le mal qui devait abattre cet homme si bien trempé moralement, mais de constitution frêle, et anéantir tant d'espérances avait déjà commencé et poursuivait ses terribles ravages. Peu après la réunion du 27 décembre, Moustafa Kamel Pacha s'alita et le 10 février 1908, à 4 heures de l'après-midi, il s'éteignit sereinement à 34 ans.

La France a perdu en Moustafa Kamel Pacha, un de ses enfants d'adoption ; il avait voué à notre patrie une affection sans bornes. Les nombreux admirateurs qu'il comptait dans notre pays regretteront en lui l'ami sûr, fidèle, de même que les Patriotes égyptiens pleureront celui qui fit le sacrifice de sa vie pour la défense de leurs droits, de leur liberté et la conquête de leur indépendance.

Dans la presse française, où Moustafa Kamel Pacha avait su se créer de solides amitiés, sa mort fut unanimement et sincèrement regrettée. Presque tous les organes — sans distinction d'opinion — lui consacrèrent d'élogieux articles et Georges Montorgueil, qui avait suivi ce jeune et ardent patriote dans toutes les étapes, souvent douloureuses, qu'il avait parcourues durant douze années d'apostolat, disait de lui dans le *Petit Marseillais* du 22 février :

« Ce que peut tout de même la volonté d'un homme ! Il y a aujourd'hui une Egypte imbue de sa grandeur passée et de ses traditions, pénétrée de cette conviction que les sables de ses plaines immenses ne sont pas son propre linceul. Hier, dominée, subjuguée, pliée à tous les jougs, elle était comme la terre à jamais asservie, sans souvenir et sans révolte. Il a suffi, pour la tirer de ce long sommeil et de cet engourdissement, d'un homme, presque un enfant... Moustafa Kamel lui a crié : « Réveille-toi, ma patrie, et rapelle-toi. Sache que tu as donné au monde la plus belle et la plus haute civilisation ; secouant la tyrannie qui t'abaisse et t'humilie, redeviens une terre féconde et entre toutes bénie... » Et l'Egypte se réveilla ; et, à la parole du jeune tribun, des milliers et des milliers de fellahs accoururent, que ces mots d'indépendance et de liberté électrisaient. L'âme orgueilleuse des grands ancêtres tressaillait en eux...

« Un parti, de ce jour, était fondé qui ne connaissait point d'infidèles : le Parti National, qui avait cette devise : « Les Egyptiens pour l'Egypte, l'Egypte pour les Egyptiens. »

MOHAMED FARID BEY

Nouveau Chef du Parti National Egyptien

Mohamed Farid Bey est né au mois de Ramadan 1284 de l'hégire, correspondant au mois de janvier 1867.

Il a reçu son éducation aux écoles gouvernementales du Caire et a obtenu sa licence de l'Ecole de Droit, qui s'appelait alors l'école d'administration *(Idara)*, en mai 1887.

Nommé au Parquet en août 1891 comme substitut, il y demeura jusqu'au 21 novembre 1896. A cette date il donna sa démission, quand on voulut le transférer au Parquet de Maghaghah pour se venger de lui, lors de la fameuse affaire des télégrammes.

Le 1er juillet 1897 il était reçu avocat par devant les Tribunaux indigènes, puis par devant les Tribunaux mixtes où il exerça pendant sept années, jusqu'en octobre 1904. Il préféra alors délaisser le barreau pour s'occuper des questions politiques.

Il compte plusieurs ouvrages de valeur : *Al Bahagag El Tawfikieh*, histoire du fondateur de la famille Khédiviale ; *L'histoire de l'Empire Ottoman; L'histoire des Romains*, dont le premier tome seulement a paru ; il contient l'histoire de l'Empire jusqu'à la chute de Carthage.

Il fonda la revue *Al Mawsouat* qui avait acquis une grande célébrité et qui, pour des circonstances particulières, ne paraissait pas sous son nom.

Farid Bey compte plusieurs écrits politiques et autres, signés de son nom ou parfois d'un pseudonyme qui furent publiés par le *Al Moayad* et le *Al Lewa.*

Son penchant naturel pour les voyages l'avait porté, dès 1895, à visiter la plupart des pays européens : l'Espagne, l'Algérie, la Tunisie, le Maroc, où il s'était rendu à deux reprises, en 1901 et 1902, et dont il a parlé dans deux volumes.

Mohamed Farid Bey fut de tout temps l'ami intime et inséparable, le conseiller juste et sûr de Moustafa Kamel Pacha, qui trouvait en lui un appui très fort. C'est pour ces considérations qu'il le choisit comme vice-président du Parti National et le désigna pour être son successeur.

LES PARTIS POLITIQUES
EN ÉGYPTE

Nous pouvons les classifier ainsi :

Parti National ;

Parti du Peuple ;

Parti des Réformes constitutionnelles ;

Parti de l'Occupation anglaise.

Le Parti National. — Fondé par Moustafa Kamel Pacha, il est le plus avancé au point de vue des idées et du programme de réformes. Ce programme renferme le maximum des revendications de la nation égyptienne et la tactique de ce parti consiste à en poursuivre la réalisation *immédiate*, par tous les moyens légaux. Les adhérents au Parti National sont fort nombreux et appartiennent à toutes les classes de la société.

Le Parti du Peuple. — Programme presque identique à celui du Parti National, différant seulement quant aux moyens à employer pour en poursuivre la réalisation. Nous ne serions pas surpris que, sous peu, les légères divergences de vues les séparant sur ces moyens disparaissent, et qu'à la suite de concessions réciproques ces deux partis n'en forment plus qu'un. Le Parti du Peuple apportera alors au Parti National un contingent de forces et d'intelligences appréciable, ses adhérents appartenant surtout aux notables et aux députés du pays.

Le Parti des Réformes constitutionnelles. — Mêmes tendances et mêmes aspirations que les précédents. C'est par la « modération » que le Parti des Réformes entend poursuivre la réalisation de son programme. Mais en politique et d'une façon générale, il nous a été donné de constater que la majorité des Egyptiens goûte fort peu cette théorie. Nous ne serions donc pas surpris que ce parti *modéré*, dans un avenir plus ou moins prochain, soit entraîné à la suite des Parti National et du Peuple qui le devancent ; la force même des choses pourrait avoir cette conséquence.

Le Parti de l'Occupation. — Sa constitution a été la conséquence naturelle de l'occupation anglaise ; il recrute ses adhérents parmi les amis de l'Angleterre et personne ne peut s'étonner qu'il existe. Il existera même aussi longtemps que durera l'occupation : cela ne fait aucun doute. Non groupés, sans direction effective, les partisans de l'occupation constituent, en quelque sorte, l'opposition aux autres partis ; ils estiment que l'occupation a procuré à l'Egypte un bien-être qu'elle n'aurait jamais connu, réalisé des réformes appréciables et pratiqué une politique ne méritant nullement les critiques que les Egyptiens lui adressent.

Nous nous dispenserons d'apprécier, laissant à chaque personnalité le soin de la défense des idées émises par chacune d'elles, seul moyen de respecter l'impartialité que nous avons pour devoir de strictement observer.

Quelques Opinions

M. Mohamed Farid Bey

Chef du Parti National Egyptien

Tout d'abord, nous a déclaré M. Mohamed Farid Bey, laissez-moi donner son véritable sens au mot « nationaliste », employé par la plupart des journalistes européens pour désigner les adhérents à notre parti : *Le Parti National Egyptien.*

En France, vos *nationalistes* forment un parti politique fermé, dirai-je, ayant une conception particulière et bien définie du gouvernement dont ils désireraient doter ce pays. Républicains, ils ne demandent pas la substitution d'un autre régime au régime actuel ; mais, de par les principes formant la base de ce parti, principes au nombre desquels figure en première ligne la révision de la Constitution, les *nationalistes* français constituent une fraction politique de laquelle est naturellement exclue toute personne ne partageant pas les idées des adhérents à ce groupement. Il n'en est pas de même du *Nationalisme* égyptien. Comme l'a si bien dit M. Raoul Canivet, directeur de *La Réforme*, d'Alexandrie, « la mort de Moustafa Kamel a révélé au monde ce fait incontestable, que *tous les Egyptiens étaient* NATIONALISTES. » Donc, pas d'exclusivisme au Parti National égyptien. Tout Egyptien *est* nationaliste par essence, c'est-à-dire partisan de la liberté absolue, de l'autonomie complète de notre pays. En France, mieux que partout ailleurs, cette nuance sera observée, et la confusion entre ces deux conceptions du « nationalisme » ne devra se faire.

Ceci bien établi, j'aborde le point particulier, but de votre visite.

Comme vous le savez, la vie entière, trop courte, hélas ! de notre vénéré et regretté chef, a été consacrée à la réalisation d'un projet qui lui a été toujours cher : le réveil du patriotisme égyptien et la formation du Parti National. Ce projet, il l'a vu se réaliser à la veille de sa mort, survenue le 10 février, alors que la constitution définitive et forte du parti s'était faite à Alexandrie le 22 octobre 1907, dans une réunion publique à laquelle plus de 6,000 personnes assistèrent et acclamèrent d'enthousiasme le Parti National, son programme et son chef : Moustafa Kamel Pacha.

Ce programme, Moustafa Kamel Pacha le développa avec cette ardeur, cette conviction et le patriotisme qui ne devait jamais se démentir en lui. Il le condensa en dix articles que je résume ainsi :

« L'autonomie de l'Egypte ou son indépendance intérieure telle qu'elle a été établie par le traité de Londres de 1840 et garantie par les firmans impériaux (cette autonomie garantit le trône d'Égypte aux descendants de Mohamed Aly et l'indépendance intérieure du pays. Elle comprend tous les pays donnés à l'Égypte par les firmans impériaux.) Cette autonomie est celle que l'Angleterre a promis officiellement de respecter.

« L'établissement d'un gouvernement constitutionnel, de sorte que l'autorité gouvernante soit responsable devant un Parlement possédant toute l'autorité voulue comme les parlements d'Europe.

« Le respect des traités et des conventions financières qui lient le gouvernement égyptien pour le paiement des dettes et l'acceptation d'un contrôle financier comme le condominium anglo-français, tant que l'Egypte reste la débitrice de l'Europe et tant que l'Europe réclame ce contrôle. »

Suivent les articles relatifs à la propagation de l'instruction dans tout le pays sur une base fermement nationale, en fondant des Universités, en envoyant des missions en Europe, en créant des écoles de nuit pour les ouvriers ; le développement de l'agriculture, de l'industrie et du commerce ; l'invitation à l'entente et à l'union entre les deux éléments de la nation : les Musulmans et les Coptes ; le renforcement des liens d'amitié et d'attachement complet entre l'Égypte et l'Empire ottoman, le développement des relations amicales et de confiance entre l'Égypte et les puissances d'Europe.

Je craindrai d'affaiblir la valeur des considérations et des arguments qui servirent de point d'appui à notre chef en vue de faire pénétrer dans l'esprit de chacun des assistants ce qui était son idéal ; je ne puis mieux faire que de citer textuellement quelques-unes des périodes enflammées de sa conférence, auxquelles rien n'est à ajouter ni à retrancher :

« Nous avons fait de la franchise la base de notre politique, et nous n'avons jamais usé de ruses, d'habileté ou de mystère. »

Dans la suite de son discours Moustafa Kamel fit la démonstration péremptoire de ce principe, duquel le chef du Parti National ne s'est jamais écarté.

Après avoir constaté la marche ascendante de notre parti pendant ces trois dernières années, Moustafa Kamel examina la situation de l'Égypte après l'accord anglo-français :

« Les diplomates anglais ont cru qu'en s'entendant avec la France sur la question d'Égypte ils jetteraient dans l'oubli ce procès important. Ils ont cru que, par cet accord, toute voix se tairait, toute espérance mourrait.

« Ils se sont grandement trompés. Oui, ils se sont trompés, ces diplomates que le monde entier considère comme les hommes les plus habiles dans la direction des affaires humaines, dans la préparation des événements et dans la préparation de l'avenir.

« Ils se sont trompés, car l'isolement dans lequel nous nous sommes trouvés nous a donné une âme nouvelle et nous a fait comprendre cette vérité sans laquelle aucun peuple ne peut vivre : Que les nations ne peuvent se relever et reconquérir leur indépendance que par leurs propres efforts; et que le peuple, comme l'individu, ne peut être tranquille s'il n'est pas fort, prêt à défendre son honneur, sa fortune et sa vie. »

Certaines attaques malveillantes ayant été lancées contre le Parti National, Moustafa Kamel en fit bonne justice :

« On nous appelle, nous, radicaux, dit-il, parce que nous demandons l'indépendance de notre patrie par les moyens les plus nobles et que nous ne voulons empiéter sur les droits de personne, alors que les Anglais ne se sont point contentés de l'indépendance de leur patrie. Ils ont asservi les peuples, se sont étendus par la colonisation, ont possédé les mers et la plupart d'entre eux continuent à dire : Conquérons, conquérons toujours !

« Seraient-ils appelés, eux, des sages et des organisateurs, parce qu'ils sont Anglais, alors qu'on nous appelle, nous, des radicaux !

« Le patriotisme qui plait là-bas et qui porte à l'admiration est-il de nature à peiner et à déplaire ici ?

« L'Egypte est-elle moins belle que l'Angleterre, pour que l'amour des Egyptiens pour leur pays soit limité, alors que l'amour des Anglais pour l'Angleterre n'a point de limites ?

« Non ! mille fois non ! L'Egypte est digne d'être aimée de toutes les forces, de tous les sentiments, de toutes les âmes, de toutes les vies. »

M. Farid Bey ajouta :

Je tiens, maintenant, à faire une déclaration qui a son importance, afin de réduire à néant une légende que l'on voudrait laisser accréditer dans le public, légende qui ne tendrait à rien moins qu'à faire croire que Moustafa Kamel était un « républicain » caressant la transformation radicale du gouvernement, dans le but — cela reste sous-entendu pour ceux qui ont lancé cette injure gratuite à l'adresse du regretté chef du Parti National — dans le but, dis-je, de satisfaire une ambition démesurée, qui aurait eu pour limite les marches du trône ! La monstruosité même d'une pareille supposition me dispense de tenter de la réfuter. Moustafa Kamel Pacha ne pouvait être républicain ; la preuve on la trouve dans les articles du programme qu'il avait tracé au Parti. Il est faux de dire que Moustafa Kamel n'avait pas affiché son opinion véritable, dans la crainte de perdre la majeure partie de la force nationale qui le soutenait. Notre regretté chef n'a jamais rien caché de ses idées: il voulait l'Égypte libre, constitutionnelle, avec la dynastie actuelle comme gardienne vigilante de la Constitution. En un mot, il voulait que l'Égypte fut aux Égyptiens, rien autre! Voilà qu'elle était son ambition. — Vous ne sauriez croire combien d'intrigues se sont nouées contre notre parti dès la disparition du chef regretté. Je ne puis, aujourd'hui, entrer dans des détails, ni préciser; il faudrait citer des noms et le moment n'est pas venu de susciter des polémiques que nous sommes loin de redouter, mais qu'il ne nous sied pas de provoquer. Ce que nous ne permettrons à personne, ce sera de mettre en doute la probité, l'honnêteté, la loyauté, la grandeur d'âme de celui qui a si prématurément disparu, et celles de tous ceux qui l'ont secondé dans sa tâche ardue. Tous les actes de Moustafa Kamel Pacha sont la preuve évidente de sa sincérité et rien, dans toute son action politique, ne permet de mettre en doute cette sincérité. — Les ambitions qu'on lui découvre maintenant sont un mensonge posthume; sur ce point, nous défendrons sa mémoire envers et contre tous.

Une autre preuve de ce que j'avance, continue M. Farid Bey, je la trouve formelle dans le texte même de la conférence d'Alexandrie. Moustafa Kamel Pacha y a dénoncé avec force le « mal fondé de la politique du mensonge » et répudié en termes précis cet essai de parlementarisme boiteux auquel voulaient sacrifier ceux que le chef du Parti National qualifiait « d'hommes habiles très forts et de diplomates expérimentés », prêts à sacrifier, à cette tentative hasardeuse, l'indépendance de l'Égypte :

« Les Égyptiens, a dit Moustafa Kamel, ne se contenteront point des réformes superficielles qui seraient de véritables trompe-l'œil. Les Égyptiens ne seront tranquilles pour eux-mêmes et pour leur pays que s'ils retrouvent *leur gouvernement national* avec tout son prestige et toute sa puissance, et que si ce gouvernement est constitutionnel, soumis aux principes de la civilisation moderne, tirant sa force de la nation, exécutant ses volontés et obéissant à ses ordres. »

Questionné sur l'accueil que pourrait réserver l'Europe, surtout la France, à la politique du Parti National égyptien, et sur la direction qu'il comptait donner à ce parti, le successeur de Moustafa Kamel Pacha nous répondit par cette citation :

« Nous sommes des spoliés et les Anglais sont des spoliateurs. Nous demandons un droit sacré et les Anglais sont les usurpateurs de ce droit. L'entente entre eux et nous n'est possible que s'ils reconnaissent notre droit. C'est pourquoi nous sommes sûrs d'obtenir le succès tôt ou tard. Quand on a raison, le succès n'est qu'une question de temps. »

C'est la réponse de notre chef à la première partie de votre question, ajouta M. Farid Bey, quant à moi je pense que les Européens seraient mal venus à être contre nous. Voudraient-ils voir se renouveler tous les dénis de justice commis par l'Angleterre à la faveur de l'entente cordiale ?... L'injustice, le désordre, l'incapacité s'étalent au grand jour. N'avons-nous pas vu fleurir sur cette terre d'Egypte, berceau de la civilisation, les tribunaux d'exception ?... N'avons-nous pas vu et ne voyons-nous pas tous les jours sacrifier de capables, d'honnêtes, de probes fonctionnaires, comme cela s'est passé à l'Ecole de Droit, en faveur de créatures anglaises dont le gouvernement britannique s'est d'avance assuré le concours passif en vue de toutes les besognes à accomplir ?

En pareil cas, comme les Egyptiens, les Européens sont les victimes de cet état de choses, et loin de redouter ce mouvement d'opinion créé par le Parti National, leur intérêt même leur commande de le soutenir.

La France, notre patrie intellectuelle que notre chef aimait tant, que nous aimons et aimerons toujours, s'est-elle rendu compte que le jour où elle a scellé ce pacte qui, par dérision sans doute, a pris nom « d'entente cordiale », elle sacrifiait à jamais cette belle et généreuse terre d'Egypte, fécondée par le sang et l'intelligence de ses enfants ; que son industrie, son commerce risquaient fort de sombrer dans cette aventure ; qu'elle lâchait enfin *la proie pour l'ombre Marocaine*, et que, conséquemment, elle faisait plus de mal à notre pays que tous les maux passés avaient pu lui en faire ...

Avec Moustafa Kamel Pacha je dis que : « La survivance de notre nation à tant de malheurs, d'humiliations et de calamités ; l'existence du sentiment national après tout ce qui est arrivé, est une preuve irréfutable que les temps sont venus pour que l'Egypte recouvre ses droits spoliés et reprenne sa place dans le monde. »

Le Parti National ne faillira pas à sa haute et sainte mission patriotique. Du fait de la disparition de son fondateur, sa marche en avant ne se ralentira nullement ; elle se poursuivra constante, méthodique et sûre. Comment pourrions-nous douter du succès de notre œuvre ?... La mort de notre vénéré chef, par la grandiose et émotionnante manifestation populaire qu'elle a suscitée, nous a fait constater combien profondément les racines du Parti National avaient pénétré dans les masses et a rendu tangibles les progrès qu'il avait faits. Nous tous avons été frappés de ce réveil patriotique, de sa sincérité, de son intensité. L'avenir est plein de promesses : elle se réaliseront, nous en avons la ferme conviction, pour le bien et le bonheur de notre pays.

J'ai assumé une lourde tâche, bien trop lourde pour mes faibles épaules ; mais je sais pouvoir compter sur des dévouements sans bornes, des concours précieux, qui ne feront jamais défaut dans les moments difficiles.

Comme je l'écrivais le jour même de la mort du chef du Parti National, alors que je n'avais pas encore eu l'insigne honneur d'avoir été désigné pour le remplacer à son poste de combat, auquel la mort venait de l'arracher si prématurément :

« Le Parti National ne laissera pas tomber le drapeau tenu si haut par notre chef regretté et nous redoublerons d'efforts pour maintenir la cohésion et l'unité de nos rangs.

« Notre but est et restera toujours l'*Egypte aux Egyptiens* et notre devise sera, ainsi qu'elle l'a toujours été : *Libres chez nous, hospitaliers pour tous.* »

M. Loufti Bey El Sayed

Directeur du journal *Al Garidah*, organe du Parti du Peuple

Sans vouloir méconnaître les incessants et persévérants [illegible] de Moustafa Kamel Pacha, chef du parti dit « National », nous ferions une entorse à la vérité en lui concédant, à l'exclusion de tout autre, la paternité de ce parti. Bien avant l'occupation anglaise, de tout temps pourrions-nous dire, ce parti a existé en Égypte, et s'il fallait remonter à ses origines nous n'hésiterions pas à désigner comme ses fondateurs les plus près de nous, le Cheik Gamal-El-Dine en premier lieu et, ensuite, le Cheik Mohamed-Abdou, grand Moufti et réformateur de l'Université Al-Azhar.

Le premier, avant l'insurrection fomentée par Arabi-Pacha — qui nous valut l'occupation anglaise — par le journal, dans des conférences scientifiques à la faveur desquelles il propageait ses idées politiques, avait toujours énergiquement défendu les intérêts de l'Egypte qu'il voulait, comme nous le désirons tous aujourd'hui, libre, autonome. La liberté, la souveraineté du peuple étaient sa constante préoccupation et n'avaient pas de plus chaud partisan. Il avait réussi à grouper autour de lui quelques patriotes, animés de cette soif ardente de liberté, dont les efforts auraient certainement pu améliorer, sinon changer complètement, le régime politique sous lequel vivait notre pays, si Tewfick Pacha n'avait mis un terme à la propagation de ces idées en exilant Gamal-El-Dine. Survinrent les malheureux événements de 1882 qui annihilèrent ces efforts et reculèrent, pour longtemps encore, l'ère de cette transformation.

Le germe n'en subsista pas moins et l'idée fut pour ainsi dire reprise, après l'occupation, mais avec une méthode différente, par le Cheik Mohamed-Abdou, le premier disciple de l'exilé. Très libéral, le Cheik Mohamed-Abdou s'attacha surtout à réaliser certaines réformes dans l'instruction publique, sur la diffusion de laquelle il fondait les plus grandes espérances en vue d'amener ses compatriotes à une conception moins étroite des devoirs de chacun d'eux envers leur patrie d'abord, envers les Européens ensuite.

Ce qu'il chercha à démontrer surtout, et ses idées prévalurent en plusieurs circonstances, c'est que les préceptes du Coran n'excluaient pas toute idée de progrès résultant de l'introduction dans un milieu musulman de la civilisation européenne et à faire disparaître ce préjugé ancré dans l'esprit de beaucoup, que le principe religieux était un obstacle à cette introduction.

L'instruction publique était donc le pivot de la méthode adoptée par le Cheik Mohamed-Abdou qui aurait certainement conduit le peuple égyptien vers son idéal : l'*Egypte aux Egyptiens*.

Cette aspiration vers la liberté, comme vous pouvez le constater, ne date donc pas de la création du parti de Moustafa Kamel Pacha. Le « Nationalisme », en Egypte, a eu des précurseurs éminents, et les membres du Parti National actuel, ainsi que celui qui en fut le chef, n'ont fait que suivre une voie déjà tracée.

Il convient pourtant de constater que l'action de Moustafa Kamel Pacha et de ses amis, non dépourvue d'énergie, a accentué la marche des idées vers cet idéal. Nous ne pouvons lui dénier le titre de « grand patriote » que la postérité sera unanime à lui accorder, et si ses obsèques ont revêtu un caractère aussi imposant, cela tient uniquement à ce que l'hommage rendu à sa dépouille par la population entière s'adressait surtout au « patriote » et non exclusivement au chef du Parti National.

La preuve de ce que j'avance, je la trouve dans la formation d'un Comité, auquel je m'honore d'avoir soumis le projet d'érection d'une statue à Moustafa Kamel Pacha. Ce Comité a choisi pour président Ismaïl Sabry Pacha, ancien sous-secrétaire d'Etat à la Justice, lequel n'est adhérent à aucun parti; quant aux membres, ils appartiennent à tous les partis et quelques-uns même ne sont adhérant à aucun. C'est donc le patriote qui a été honoré et non le chef de parti.

Je tiens à le répéter : tous les Egyptiens sont unanimes à revendiquer la liberté, l'autonomie de leur pays ; ils diffèrent seulement dans le choix de la méthode à employer pour obtenir ce résultat.

Le Parti National a réuni dans son programme le maximum des réformes qui devraient s'opérer en Egypte ; cette tactique est considérée par les membres de ce parti comme la meilleure et la plus sûre. Nous estimons, nous, au Parti du Peuple, que c'est aller trop vite en besogne en brusquant ainsi le mouvement. Nous ne pouvons admettre que le but que se propose d'atteindre le Parti National puisse se réaliser sans que les masses soient bien pénétrées des devoirs qui leur incomberaient en vue de cette transformation radicale des institutions actuelles. Pensez-vous qu'il suffira de dire à l'Angleterre qu'elle *doit* libérer l'Egypte, en vertu des engagements pris par elle, pour que cette libération s'opère ?... Et les autres puissances européennes, ne faudra-t-il pas les consulter aussi, lorsque nous en serons là ?...

Nous ne voulons pas mettre en doute les intentions du Parti National, au sein duquel nous comptons de nombreux amis ; nous croyons à la sincérité de ses intentions. Mais nous estimons aussi que la propagande zélée à laquelle il s'est livré, et qu'il continuera peut-être, ne suffit pas pour obtenir la réalisation de nos aspirations communes.

Une méthode réfléchie, prudente, sûre, s'impose.

Parlement, dans toute l'acception du terme ; gouvernement constitutionnel, sont des instruments excellents quand ils entrent dans le domaine du possible. Mais, en l'état actuel de l'Egypte, la création de ces institutions, tant désirées, est presque irréalisable. Viendraient-elles même à leur heure ?...

L'instruction la plus large sera le puissant levier qui pourra nous permettre d'entrevoir ces réformes dans un avenir plus ou moins prochain ; sur ce point l'accord est unanime entre tous les Egyptiens.

Il nous faut convenir que l'Angleterre est loin de faciliter, autant que nous le désirons, la propagation de l'instruction ; nous devons même dire, sans crainte d'un démenti, en constatant certains faits et leurs conséquences, que les procédés employés par l'administration anglaise tendent à l'effet contraire. Le niveau des études secondaires et supérieures baisse au lieu de s'élever, de même que nous avons vu se réduire le nombre des écoles où se donnait cette instruction.

On dira peut-être que le nombre des écoles primaires (Kouttab) augmente ; cela est vrai. Mais l'éducation et l'instruction des élèves de ces écoles sera sûrement incomplète *si on leur enlève la possibilité de les poursuivre* — ne serait-ce pas l'exécution d'un plan arrêté ?... — en réduisant le nombre des écoles secondaires et supérieures, et si on n'élève pas le niveau des connaissances que devraient acquérir les étudiants fréquentant ces dernières.

Le budget de l'instruction publique, qui devrait s'augmenter encore, atteint pourtant un assez joli chiffre actuellement. De quelle façon est-il employé ?... Les professeurs anglais dont nous gratifie l'Angleterre l'absorbent presque en entier ; nous voyons leurs émoluments s'élever à un chiffre double, triple même, de celui qui était accordé aux professeurs égyptiens et la partie de ce budget restant disponible pour la création d'écoles nouvelles, le perfectionnement des cours secondaires et supérieurs se trouve, de ce fait, tout à fait insuffisante. — Si, tout au moins, à cette façon de procéder, nous y avions gagné en capacité chez les professeurs ? Hélas ! Non. L'incapacité des professeurs anglais est notoire, incontestable, du moins pour la majorité ; elle est en passe de devenir proverbiale.

Nous avons une grande confiance en notre ministre de l'Instruction publique Saad Pacha Zaghloul ; nous savons qu'il fait les plus grands efforts pour atténuer et conjurer les effets déplorables de cette situation fâcheuse. Les vues de notre ministre prévaudront-elles? En ce qui nous concerne nous l'espérons fermement. Il aime son pays, il le veut grand et prospère et son patriotisme ne fait aucun doute. Il réussira !

Relativement à l'action politique proprement dite à employer en vue de la réalisation de nos aspirations communes, celle du Parti du Peuple diffère, sur quelques points, de celle du Parti National.

Le programme de notre parti et ses statuts ont été promulgués et nettement affirmés, le 20 septembre 1907, dans une Assemblée générale de notables et de députés du pays. Sa constitution définive précéda donc celle du Parti National, qui eut lieu le 22 octobre suivant. Notre programme peut se résumer en quelques lignes:

A sa base, la liberté et la souveraineté du peuple, principes immuables que nous plaçons au-dessus de tout autre ;

Extension des attributions politiques des Conseils provinciaux; de l'Assemblée générale et du Conseil législatif, jusqu'à la transformation de ce dernier en Parlement National ;

Enseignement national; création de Facultés; d'Ecoles d'agriculture et industrielles, afin de relever le niveau intellectuel des populations des villes et des campagnes, en vue de la participation du pays entier à la réforme des institutions politiques actuelles.

Quant à l'évacuation *immédiate* de l'Egypte, il n'y faut pas songer; c'est un leurre de supposer que nous l'obtiendrons si simplement; le Parti du Peuple estime que cette évacuation ne s'accomplira qu'à la suite d'un accord à intervenir entre la Sublime-Porte, la France et l'Angleterre.

Ce ne sera que lorsque notre pays aura réalisé les réformes que nous énumérons plus haut qu'il pourra s'élever avec énergie contre cette main-mise sur lui et exiger que l'on tienne compte de ses desirata. Qui, mieux qu'un Parlement national, pourra formuler les revendications de la Nation ?... Qui pourra faire entendre une voix plus autorisée, puisque ce Parlement sera l'émanation du du pays tout entier ?... L'occupation anglaise s'est faite avec le consentement des puissances, nous estimons que ce ne sera qu'avec ce consentement que nous la ferons cesser.

Ce qui revient à dire que nous devons procéder par étapes si nous voulons faire œuvre utile, sensée et pratique. Prétendre atteindre le but d'un seul bond, c'est risquer de tout compromettre. Une maison ne se bâtit pas d'une pièce : on commence par les fondations.

Ce sera la tactique que suivra, sans défaillance, le Parti du Peuple, celle que commande la prudence, la sagesse, le ferme désir d'aboutir, et la seule, à notre avis, qui nous permettra d'obtenir, sûrement et sans à-coups, la libération complète et définitive de notre Patrie.

S. E. le Cheik Aly Youssef

Chef du Parti des Réformes Constitutionnelles

Directeur de *Al Moayad*

Depuis dix-huit ans que je fais de la politique, j'ai constaté que le patriotisme, en Egypte, s'est fortement accentué et se développe de plus en plus dans toutes les classes de la société. A chaque événement politique qui se déroule dans notre pays, il s'éclaire d'un nouveau jour et, graduellement, au fur et à mesure que ces événements se produisent, c'est une nouvelle étape que nous lui voyons parcourir.

J'ai fait ces constatations lors de l'affaire du firman de l'investiture du Khédive, en 1892, lorsque lord Cromer prétendit avoir communication dudit firman avant sa lecture.

Le sentiment patriotique se manifesta encore pour le changement du ministère de Moustafa Femi Pacha, au début de l'année 1893.

Il s'accentua lors des incidents des frontières soudano-égyptienne, les Anglais ayant émis la prétention que le Khédive présentât des excuses pour les propos qu'il avait tenus au Sirdhar et aux officiers anglais, propos qui constituaient une critique sévère relativement au règlement élaboré par l'administration anglaise en vue de reconstituer l'armée égyptienne, règlement que le Khédive avait déclaré incomplet, défectueux, et dont il demandait la modification.

En 1896, l'affaire des télégrammes vint fournir une nouvelle occasion, au patriotisme égyptien, de se manifester d'une manière très intense. Accusé d'avoir publié une dépêche secrète concernant l'armée égyptienne en Nubie, je fus traduit devant le tribunal du Caire, qui rendit un jugement en ma faveur. La population en manifesta une grande joie et ma condamnation, si elle avait été prononcée, aurait pu avoir de fâcheuses conséquences ; près de 20,000 télégrammes de félicitations me furent adressés de tous les points de l'Egypte.

En 1898, l'Angleterre ayant voulu modifier la loi régissant les tribunaux musulmans et méconnaître l'autorité du Grand Cadi d'Egypte, le peuple donna une nouvelle preuve de son ardent patriotisme ; et ce ne fut pas un autre sentiment qui l'anima, attendu que d'autres modifications précédemment opérées n'avaient suscité que quelques protestations parmi les personnalités religieuses, qui furent les seules à s'émouvoir alors.

Toujours avec plus de vigueur et de véhémence, le patriotisme égyptien protesta contre la malheureuse affaire de Denchwaï; à cette protestation toutes les classes de la société s'associèrent.

Et comment nier sa force ascensionnelle en présence des solennelles funérailles faites à Moustafa Kamel Pacha, il y a seulement quelques jours?...

Je le répète : je suis fermement convaincu que ce sentiment n'est pas près de tiédir; au contraire. La preuve de sa vitalité nous est donnée chaque fois qu'une occasion s'offre à lui de l'affirmer; l'on constate alors ses progrès croissants, indéniables, que personne ne peut mettre en doute, même les plus prévenus contre lui.

La disparation d'un chef de parti, pour si grande et notoire que puisse être sa popularité, ne retardera nullement la poussée en avant du patriotisme; et si je prends texte des magnifiques funérailles faites à Moustafa Kamel c'est pour en déduire que le peuple égyptien n'a pas seulement voulu honorer le patriote, mais qu'il s'est empressé de saisir cette nouvelle occasion, pour si douloureuse qu'elle fut, pour donner à cette imposante manifestation un caractère bien net, bien défini de protestation contre l'occupation anglaise, détestée, abhorrée par la nation entière, que le défunt avait toujours et énergiquement combattue.

La mort de Moustafa Kamel Pacha aura fait faire un grand pas à la question de la constitution d'un Parlement National, qui, avec la libération immédiate du pays, forment la base du programme que le défunt a élaboré et que le Parti National a adopté.

Moustafa Kamel a été un des journalistes qui ait manifesté, de la façon la plus catégorique, sans jamais se lasser, l'aversion la plus forte contre l'occupation anglaise. Il ne laissait échapper aucune occasion qui s'offrait à lui, pour bien établir combien elle était funeste à notre pays. Pas ennemi de la réclame, sachant mettre au service de cette sainte cause son talent de parole, sachant se servir du journal, — puissant levier qui lui permettait, en même temps, de mettre sa personnalité en évidence — il a su acquérir, en exaltant le patriotisme des égyptiens, un prestige personnel non seulement en Egypte, mais encore en Europe. Cette manière de faire, qui constituait pour lui un gros capital, devait le conduire au point culminant qu'il visait et qu'il avait pris pour objectif dès le début de sa vie politique.

Mohamed Farid Bey, successeur de Moustafa Kamel Pacha à la direction du Parti National, compte parmi l'élite des patriotes. Dans le *Moayad*, à mes côtés, il a traité la question politique avec talent et autorité; il a continué à la traiter au *Lewa* et tous ses écrits respirent la loyauté et prouvent son érudition et ses grandes connaissances en histoire que nous croyons, sur ce point, supérieures à celles de son prédécesseur. Néanmoins, nous lui supposons moins d'intelligence politique, moins de bravoure que n'en possédait Moustafa Kamel Pacha. En assumant la lourde responsabilité de la direction du Parti National, Mohamed Farid Bey se heurtera à de grandes dificultés. Outre qu'un parti comme le Parti National a besoin de grosses ressources surtout financières, le chef actuel de ce parti devra faire des efforts incessants pour le maintenir, sinon le faire progresser, dans la voie tracée par son fondateur. Le succès dépendra surtout des qualités administratives dont Mohamed Farid Bey fera preuve, de la confiance qu'il saura inspirer à ses partisans et des qualités personnelles : aménité, affabilité, courtoisie, qu'il mettra en valeur dans ses rapports avec les membres du parti ; car personne ne contestera l'omnipotence, l'absolutisme, qui formaient le fond du caractère de Moustafa Kamel Pacha et qui en faisaient l'homme personnel dans le sens le plus absolu.

Je ne partage nullement les opinions des membres du Parti National ; s'il en avait été autrement, la constitution du Parti des Réformes aurait été superflue. Les adhérents au Parti des Réformes se recrutent parmi de hauts et clairvoyants personnages du monde politique égyptien. Quant à son programme, il se trouve résumé en entier dans les quelques paragraphes qui suivent, en formant le troisième article :

1° Maintien de l'autorité Khédivale suivant l'esprit des firmans du Sultan qui ont accordé son autonomie à l'Egypte ;

2° Rappeler à la Grande Bretagne d'avoir à tenir les engagements qu'elle prit et les promesses qu'elle fit lors de l'occupation de l'Egypte ;

3° Obtenir un Parlement National qui possèdera une autorité absolue sur l'Egypte et à qui, par voie de conséquence, reviendra la sauvegarde des intérêts égyptiens ;

4° Instruction primaire gratuite et générale ;

5° Que la langue arabe soit décrétée langue officielle pour l'enseignement dans toutes les écoles d'Egypte ;

6° Que les fonctions administratives soient confiées aux indigènes selon leurs capacités ; diminuer le nombre des fonctionnaires étrangers autant que cela sera possible, afin que les Egyptiens se gouvernent eux-mêmes ;

7° Que les étrangers résidant en Egypte soient jugés par les tribunaux mixtes, à qui seront soumises les affaires criminelles — de même qu'on leur soumet actuellement les affaires commerciales et les petits délits — jusqu'à ce que ces tribunaux puissent connaitre de toutes les affaires sans exception. Cela, en vue d'obtenir une unité de vues dans la répartition de la justice, que nous voulons égale pour tous.

Mon opinion sur le Parlement National est connue : Je l'ai assez souvent formulée. Je fus le premier à en réclamer la constitution à l'Assemblée générale en 1904 ; ma proposition fut votée. J'ai renouvelé cette proposition devant la même Assemblée, en 1907 ; le premier vote fut confirmé et complété par une déclaration disant que si cette création était reconnue impossible à ce moment, il convenait d'étendre les pouvoirs des Conseils provinciaux (Mudirieh), ceux de l'Assemblée générale et du Conseil législatif. Ces réformes préalables seraient un acheminement vers la constitution du Parlement National, tel que nous le désirons.

Je crois impossible — et le Parti de la Réforme le croit avec moi — que la réalisation de tout progrès et l'acheminement de la Nation dans la voie de la liberté ne puissent s'obtenir autrement que par la constitution du gouvernement du pays par le pays, en donnant à ce gouvernement de solides bases et des règles appropriées aux aspirations et aux besoins de la Nation.

Quant à la situation de la France en Egypte, elle s'est affaiblie notablement et progressivement, surtout depuis l'entente de 1904. Cette nation pourrait encore fortifier sa position, reconquérir une grande partie du terrain qu'elle a perdu, se faire aimer et estimer des Egyptiens qui lui ont conservé une grande sympathie, si elle fondait des écoles qui répandraient une instruction solide, sans nuance confessionnelle ni politique. Ce serait la seule action au moyen de laquelle elle pourrait obtenir de sérieux avantages à tous les points de vue et augmenter son influence politique dans la vallée du Nil.

M. Mohamed Massoub

Directeur de *Al Minbar*

Il va de soi que l'occupation elle-même est un acte contraire à la justice. C'est une usurpation des droits légitimes du Sultan, l'asservissement d'un peuple grand par ses souvenirs historiques et qui a droit aux égards des autres nations, maintenant plus fortes que lui.

Le fait que l'Angleterre était disposée à évacuer l'Egypte en 1888 constitue, de sa part, un aveu tacite, je dirai plus : la démonstration évidente que notre pays pourrait être évacué sans aucun danger pour les intérêts généraux et particuliers des Européens et qu'on le reconnaissait, à cette époque, capable de veiller sur ses destinées.

Depuis lors, il a presque complètement changé de face, progressé matériellement et moralement : il s'est relevé. Parmi ses fils, il compte un grand nombre d'hommes d'une intelligence supérieure, à qui l'on reconnait sans conteste les qualités nécessaires aux hommes d'Etat, possédant, par conséquent, les aptitudes exigées pour l'exercice des fonctions gouvernementales et pouvant assumer, sans hésitation et sans crainte de défaillances, cette lourde responsabilité.

Pourquoi donc notre pays serait-il moins capable de se gouverner aujourd'hui qu'il l'était en 1888 ?

Uniquement parce que l'Angleterre ayant constaté que l'occupation était d'un excellent rapport à tous les points de vue, son intérêt lui commande de la perpétuer coûte que coûte, foulant aux pieds des engagements formels et justifiant, une fois de plus, la formule : « J'y suis, j'y reste ! »

Pour arriver à ses fins, l'Angleterre a fait jouer tous les ressorts de son habileté diplomatique. Systématiquement — ce qui démontre bien l'exécution d'un plan arrêté — elle écartait peu à peu des hautes fonctions les Egyptiens capables, leur substituant les fruits secs qu'elle importe chaque année en grand nombre des Universités anglaises. Elle voulait, à dessein, atrophier l'intelligence des Egyptiens pour pouvoir les taxer d'incapacité le jour où ils auraient réclamé d'elle l'exécution de ses promesses relatives à l'évacuation.

Par l'accord du 8 avril 1904, l'Angleterre a creusé un abîme entre l'Egypte et la France qui, seule, parmi toutes les puissances, protestait avec véhémence contre l'occupation.

L'Angleterre a cru, à la suite de cet accord, que l'Egypte lui serait à jamais acquise : cette croyance n'était qu'une des moindres fautes que la politique anglaise, faite de rigueur et de rudesse, a commises en Egypte. — Sans doute, cette politique n'a pas été assez clairvoyante pour prévoir quel esprit de soladarité patriotique la conclusion d'un pareil accord devait forcément provoquer au sein du peuple égyptien. Tout le monde, en Egypte, en voulait à la France du fait d'avoir conclu avec l'Angleterre un accord si grandement préjudiciable à notre pays et à la France elle-même. Je ne partage pas cette opinion et proclame hautement que par la conclusion de cet accord la France a, bien involontairement il est vrai, rendu à l'Egypte le plus signalé des services.

L'esprit de solidarité dont je viens de parler s'est manifesté de la façon la plus évidente et s'est affermi avec l'incident de Denchawaï, qui a été le signal du réveil général du sentiment patriotique dans toutes les classes de la population égyptienne. Les atrocités commises par les Anglais ont secoué l'Egypte de sa torpeur. — Ce relèvement général, engendré par les causes que je viens d'expliquer sommairement, aura pour conséquence d'obliger l'Angleterre à préparer l'évacuation formellement et solennellement promise par ses éminents hommes d'Etat, sinon d'y procéder dès à présent.

On objectera peut-être que le départ précipité des Anglais pourrait nuire aux multiples et importants intérêts que les Européens ont en Egypte ; on pourra même tenter de faire croire que ce départ serait le signal d'une révolution dont les étrangers seront les premières victimes. Non ! les Egyptiens ne sont pas xénophobes. On a dû le constater lors des funérailles de notre regretté confrère Kamel Pacha auxquelles assistèrent plus de 50.000 personnes. Aucun incident ne s'est produit. — Cependant on avait l'habitude, dans la presse européenne — tant locale qu'extérieure — de taxer Kamel Pacha de xénophobie, voire même de fanatisme. On a, maintenant, la preuve du contraire.

D'ailleurs, lorsque nous réclamons l'évacuation qui devra s'opérer tôt ou tard, nous ne voulons pas laisser supposer un seul instant que nous n'aurons plus recours aux conseils et aux lumières des Européens. Au contraire ! Il sera de notre intérêt de leur confier, comme par le passé, de hautes fonctions aussi bien dans nos ministères que dans les administrations publiques ; nous ferons appel à leur concours autant et si longtemps que ce concours sera reconnu nécessaire et profitable au bien général de notre pays, qu'il aura pour résultat d'augmenter sa prospérité et de perfectionner son système administratif. Ces étrangers nous les considérerons, alors, comme des amis, des instructeurs, des collaborateurs, et non comme des oppresseurs.

M. le Docteur Nimr

Directeur de *Al Mokattam*

Il convient tout d'abord que vous sachiez que les adhérents au Parti National sont, en grande partie, des radicaux ayant appartenu aux anciens partis de l'opposition au régime actuel. Depuis quinze ans environ, le principal objectif, l'article fondamental du programme du Parti National a été la libération de l'Egypte de l'occupation anglaise, que ce parti réclame *immédiate*.

La tactique employée par le Parti National, dans la campagne acharnée qu'il a menée contre l'occupation, consistait surtout dans la critique systématique de toutes les réformes introduites ou que se proposait de réaliser l'Angleterre en Egypte, prétendant que toutes ces réformes n'avaient aucunement en vue l'intérêt et la prospérité du pays. Soit dans les finances, soit dans l'administration de l'irrigation, celle des travaux publics, rien ne pouvait être exécuté ou mis à l'étude par l'Angleterre sans que le Parti National n'attaquât, critiquât non seulement les mesures édictées en vue d'améliorations futures, mais encore les travaux exécutés. Ainsi pour ne citer, parmi ces travaux, que les plus importants, les plus nécessaires et les plus utiles, je mentionnerai les réparations aux Barrages, qui ont eu pour résultat de doubler la production du coton dans la Basse-Egypte ; le réservoir d'Assouan, dont le plan a été dressé par un Français et exécuté par les Anglais, et combien d'autres encore.

Dans un autre domaine : l'abolition des corvées, les réformes judiciaires, la réorganisation de l'armée, la conquête du Soudan, etc., etc., tout a fait l'objet d'une opposition violente de la part du Parti National, sous le fallacieux prétexte que tous ces travaux, toutes ces réformes n'avaient nullement en vue le bien du pays. Il est allé même plus loin, dans cette opposition, le Parti National N'a-t-il pas tenté de faire germer la haine contre les Anglais dans l'esprit des indigènes, en cherchant à leur faire croire que, ce faisant, l'Angleterre cachait un secret dessein : s'emparer de leurs biens, à la faveur de ces réformes, dans un temps plus ou moins proche ?...

Quant à nous, nous persistons à croire que toutes les réformes opérées, les travaux et améliorations de toute nature faits par les Anglais en Egypte, ont eu pour résultat de réaliser une amélioration sensible des conditions économiques de l'Egypte et ont été profitables à la nation entière.

En considérant ces résultats, indiscutables, il est impossible de pouvoir démontrer que l'occupation anglaise a été néfaste à notre pays, comme le prétend le Parti National.

N'aurait-il pas été préférable, en présence du fait accompli de l'occupation, de chercher à seconder l'administration anglaise, coopérer avec elle à la réalisation d'un programme économique et politique, qui aurait pu être dressé en vue d'augmenter la prospérité du pays, plutôt que de se lancer dans une opposition dont nous n'entrevoyons pas encore les résultats ni l'issue ?... A notre avis, ce moyen aurait été le plus pratique et le plus sûr de préparer d'abord, d'obtenir par la suite l'évacuation et d'acheminer le pays vers son indépendance.

Est-il possible que l'on puisse songer à confier au peuple égyptien la direction des affaires de ce pays, si nous jetons un coup d'œil sur les moyens dont il dispose et les éléments sur lesquels il pourrait s'appuyer ? A-t-il été préparé à assumer cette lourde et difficile tâche ?... Sur 70.000 enfants 12 % de garçons et 2 ‰ de filles fréquentent les écoles, et encore, depuis trois ou quatre ans, une certaine quantité d'écoles maternelles (Kouttab) ont été créées, ce qui a fait augmenter le nombre des élèves. Quelles notions politiques, économiques, sociales, peuvent posséder les générations précédentes, si nous envisageons combien peu, parmi les enfants qui formeront la génération future, les posséderont ! Est-ce avec de pareils éléments qu'une nation peut prétendre à son émancipation ?... — De grands efforts restent encore à faire avant de pouvoir envisager cette solution ; et, tant que nous ne pourrons pas enlever à l'Angleterre ce prétexte d'incapacité dont elle nous taxe et dont elle se prévaut, en l'état de la situation actuelle du pays, pour justifier l'occupation, l'Egypte devra se résoudre à la subir.

Dans le pays, l'idée d'un gouvernement constitutionnel est incomprise de la masse ; ce n'est qu'en répandant l'instruction que le peuple parviendra à se familiariser avec cette idée et à pouvoir, enfin, prétendre se gouverner lui-même.

L'opposition des premières années, en présence des résultats obtenus, a dû changer de tactique. L'entente cordiale, les incidents de la frontière, les malheureux événements de Denchawaï sont venus fournir un nouvel aliment à cette opposition.

Un groupe de députés radicaux du Parlement anglais s'étant émus des graves reproches formulés contre l'Angleterre à la suite de l'affaire de Denchawaï, portèrent la question à la tribune du

Parlement et critiquèrent la politique anglaise en Egypte et son administration. Il s'ensuivit que la question de l'évacuation de l'Egypte fut mise en jeu, et un certain nombre d'Egyptiens se mirent aussitôt en rapport avec le groupe des Parlementaires anglais, sur le concours desquels ils pensaient pouvoir compter pour amener l'Angleterre à procéder à l'évacuation.

Les attaques se firent alors plus violentes, mais cette exagération même dans les moyens employés par les adversaires de l'occupation pour atteindre le but, devait tourner à leur désavantage. Les divergences de vues entre les opposants amenèrent une scission parmi eux. Tandis qu'une fraction bornait ses revendications à la constitution immédiate d'un Parlement National et demandait l'instruction générale en langue arabe, reléguant au second plan la question de l'évacuation, d'autres, ceux qui ont pris pour étiquette « Parti National » élaborèrent un programme maximum de réformes, au nombre desquelles fut inscrite en première ligne l'évacuation *immédiate*. — Les premiers ont conservé leurs relations avec le groupe parlementaire anglais, mais les seconds durent les cesser, les parlementaires leur ayant fait entendre qu'ils ne pouvaient approuver leur programme en présence de l'exagération des revendications qu'il formulait.

De ce fait, le Parti National fut réduit à ses propres forces et persista, sans mesure, dans son opposition systématique à l'occupation anglaise, seul point par lequel il pourra justifier sa raison d'être.

Le programme des différents partis ne nous offusque nullement. Nous poursuivons, en somme, le même but sur certains points, tels que l'autonomie de l'Egypte, la constitution d'un Parlement National, la diffusion de l'instruction, avec cette différence que nous demandons, nous, pour pouvoir atteindre sûrement ce but, à rester en complète harmonie avec le régime actuel. Exigeons de lui l'extension du système représentatif que nous possédons actuellement, cela nous permettra d'arriver graduellement à l'autonomie : la libération du pays suivra.

Cessons cette obstruction irraisonnée, énervante et peu profitable ; tâchons de gagner la confiance de ceux qui, actuellement, ont la charge de défendre, de sauvegarder nos intérêts ; en un mot, considérons les Anglais comme des amis et non comme des ennemis.

Sachons être patients, modérés, justes dans nos revendications ; procédons avec méthode dans nos actes. Nous obtiendrons plus par la sagesse, la conciliation et la modération, que par la violence.

Ce faisant, nous assurerons l'avenir et la prospérité de notre pays.

De tout ce qui précède, le lecteur pourra certainement tirer des conclusions. Pour notre part, nous estimons qu'il sera impossible de résister longtemps encore à ces explosions du patriotisme égyptien qui va en s'accentuant. Sous cette énorme pression de l'opinion publique qui, à chaque occasion, montre son désir ardent de reconquérir l'autonomie, l'indépendance du pays, l'Angleterre devra se préoccuper, tôt ou tard, d'avoir à tenir ses promesses et envisager la possibilité de procéder à l'évacuation.

L'Egypte estime qu'elle a suffisamment profité des leçons que le tuteur qui lui a été imposé a tenté de lui donner ; elle prétend avoir acquis assez d'expérience, de capacité et posséder assez d'hommes éminents, éclairés, d'une valeur incontestable, qui pourront, sans danger aucun, ni pour les personnes, ni pour les intérêts des Européens, assumer la charge de la direction des affaires du pays.

Pourquoi ne pas tenter l'expérience ? Si la preuve que s'offre de donner la Nation égyptienne est concluante, rien ne s'opposera plus à ce que satisfaction complète lui soit donnée.

Vouloir tenir en échec le sentiment national, c'est risquer une grosse partie. Cette opinion est aussi celle d'un homme d'Etat éminent dont on ne peut méconnaître le sens politique et qui, sur ce point, a une idée bien arrêtée : nous voulons parler du prince de Bülow à qui, en avril dernier, à Venise, fut posée cette question :

« — Pensez-vous que l'humanité va se développer, dans l'avenir, dans un sens humanitaire ou dans un sens national ?..

« — En ce moment, répondit le prince, on est partout nationaliste ; un homme d'Etat ne peut pas gouverner, à l'heure actuelle, contre le sentiment national. »

Comme on ne peut — sans lui faire injure — supposer que l'Angleterre nourrisse cette arrière-pensée de vouloir transformer en définitive une occupation qui lui a été *provisoirement* concédée par les puissances ; que l'expérience pourra démontrer peut-être que sa mission est terminée, il ne lui restera plus qu'à s'exécuter de bonne grâce et à se retirer de l'Egypte avec la satisfaction du devoir accompli.

Nous verrons alors se réaliser le vœu suprême après la réalisation duquel aspire le peuple égyptien entier :

« L'Egypte aux Egyptiens ! »

Mars-Mai 1908.

www.ingramcontent.com/pod-product-compliance
Ingram Content Group UK Ltd.
Pitfield, Milton Keynes, MK11 3LW, UK
UKHW020457230726
13925UKWH00005B/1987

9 782019 184933